¿Quién hace las reglas?

Por Lola M. Schaefer
Adaptado por Felicia López y Raquel C. Mireles

Tabla del Contenido

¿Qué son las reglas?

Las **reglas** nos enseñan lo que debemos hacer. Nos ayudan a estar seguros. Seguimos las reglas todos los días. Seguimos las reglas cuando nos lavamos las manos antes de comer. Seguimos las reglas cuando paramos nuestros carros ante un semáforo.

Seguimos las reglas cuando jugamos algún deporte.

¿Quién hace las reglas de la escuela?

Hay mucha gente que hace las reglas de la escuela. Los maestros hacen algunas reglas y nos ayudan a aprenderlas. Algunas reglas nos mantienen seguros y nos ayudan a aprender.

1. No corras y no empujes.

2. Recicla los papeles usados.

3. Regresa los libros a tiempo a la biblioteca.

El maestro enseña las reglas de la escuela.

A veces nosotros hacemos las reglas de la escuela. Estas reglas nos ayudan a llevarnos bien con nuestros amigos. También nos ayudan a trabajar juntos. ¿Quién hace las reglas de tu escuela?

¿Quién hace las reglas del pueblo?

Mucha gente hace las reglas del pueblo. La gente del pueblo **vota** para escoger a las personas que van a hacer reglas buenas. Ellos votan por personas que van a ayudar al pueblo.

¿Has visto como la gente vota?

Los **líderes** del pueblo trabajan juntos para hacer las reglas buenas. Ellos quieren que la gente esté segura. Ellos quieren que el pueblo sea un lugar bueno y seguro para vivir y trabajar allí.

Esta gente hace las reglas de su pueblo.

Las reglas de un pueblo se llaman **leyes**. Los **policías** quieren que toda la gente siga las leyes para que todos estemos seguros.

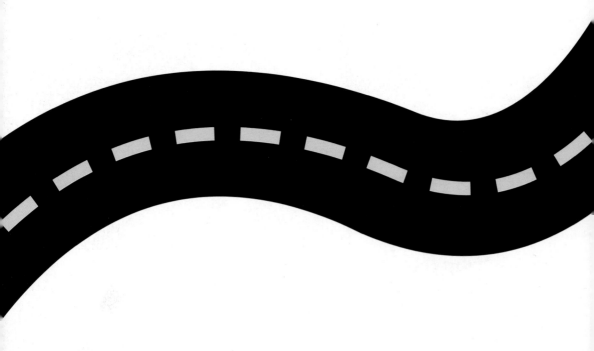

¿Quién hace las reglas del estado?

Mucha gente hace las reglas del **estado**. La gente de un estado vota por personas que van a hacer leyes justas. Las leyes del estado protegen a la gente y también protegen la tierra de ese estado.

Esta gente vota por una ley nueva en su estado.

Estas leyes mantienen los parques limpios y seguros. La gente que va a cazar y a pescar debe seguir estas leyes. La gente que va a acampar y a hacer caminatas debe seguir estas leyes también.

¿Quién hace las reglas de nuestro país?

Mucha gente hace las reglas de nuestro **país**. La gente que vive en nuestro país vota por los líderes de nuestro país. Los líderes de nuestro país hacen las leyes.

Esta gente hace las leyes de nuestro país.

Las leyes de nuestro país nos ayudan a estar seguros. ¡Este bebé también tiene que seguir las leyes!

¿Quién hizo estas reglas?

1

1. Levanta la mano antes de hablar.
2. No interrumpas.
3. Comparte con tus amigos.
4. Respeta la propiedad de otros.

2

No estacionarse en calles públicas
2 a.m. hasta 6 a.m.

Mariscos prohibidos **3**

Almejas, mejillones, ostiones
No comer estos mariscos

4 Área cerrada para el público

Glosario

estado: tierra que es parte de un país

leyes: las reglas que toda la gente debe seguir

líder: una persona que nos guía

país: un grupo de estados donde la gente vive

policía: persona que trabaja para que todos sigan las leyes

reglas: las cosas que nos dicen lo que debemos hacer

votar: escoger, elegir

Índice